Bibliografische Information der Deutschen Nationalbibliothek:

Die Deutsche Bibliothek verzeichnet diese Publikation in der Deutschen National-
bibliografie; detaillierte bibliografische Daten sind im Internet über http://dnb.d-
nb.de/ abrufbar.

Dieses Werk sowie alle darin enthaltenen einzelnen Beiträge und Abbildungen
sind urheberrechtlich geschützt. Jede Verwertung, die nicht ausdrücklich vom
Urheberrechtsschutz zugelassen ist, bedarf der vorherigen Zustimmung des Verla-
ges. Das gilt insbesondere für Vervielfältigungen, Bearbeitungen, Übersetzungen,
Mikroverfilmungen, Auswertungen durch Datenbanken und für die Einspeicherung
und Verarbeitung in elektronische Systeme. Alle Rechte, auch die des auszugsweisen
Nachdrucks, der fotomechanischen Wiedergabe (einschließlich Mikrokopie) sowie
der Auswertung durch Datenbanken oder ähnliche Einrichtungen, vorbehalten.

Impressum:

Copyright © 2007 GRIN Verlag, Open Publishing GmbH
Druck und Bindung: Books on Demand GmbH, Norderstedt Germany
ISBN: 9783640568703

Dieses Buch bei GRIN:

http://www.grin.com/de/e-book/145433/informationsverarbeitungs-controlling

Markus Stub

Informationsverarbeitungs-Controlling

GRIN Verlag

GRIN - Your knowledge has value

Der GRIN Verlag publiziert seit 1998 wissenschaftliche Arbeiten von Studenten, Hochschullehrern und anderen Akademikern als eBook und gedrucktes Buch. Die Verlagswebsite www.grin.com ist die ideale Plattform zur Veröffentlichung von Hausarbeiten, Abschlussarbeiten, wissenschaftlichen Aufsätzen, Dissertationen und Fachbüchern.

Besuchen Sie uns im Internet:

http://www.grin.com/

http://www.facebook.com/grincom

http://www.twitter.com/grin_com

FernUniversität in Hagen

Fachbereich Wirtschaftswissenschaft

Lehrstuhl für Wirtschaftsinformatik

Seminararbeit zum Thema

IV-Controlling

Name: Markus Stub
Seminar: Wirtschaftsinformatik
Abgabedatum: 12. Oktober 2007

Inhaltsverzeichnis

Abbildungsverzeichnis

Abkürzungsverzeichnis

Abb.	Abbildung
BSC	Balanced Scorecard
bzw.	beziehungsweise
DV	Datenverarbeitung
etc.	et cetera
evtl.	eventuell
f.	folgende
ff.	fortfolgende
gem.	gemäß
ggf.	gegebenenfalls
IEC	International Electrotechnical Commission
IM	Informationsmanagement
IS	Informationssystem
ISO	Internationale Organisation für Normung
IT	Informationstechnologie
IV	Informationsverarbeitung
PC	Personal Computer
S.	Seite
TCO	Total Cost of Ownership
u.a.	und andere
usw.	und so weiter
vgl.	vergleiche
z. B.	zum Beispiel

1 Einleitung und Zielstellung

Die Ressource Information ist in unserer Gesellschaft zu einem entscheidenden Erfolgsfaktor des unternehmerischen Handelns geworden. Bedingt durch den schnellen technologischen Fortschritt können Informationen in Unternehmen immer besser und umfassender automatisiert verarbeitet werden. Dies steigert die Effizienz der Informationsverarbeitung und stellt daher einen strategischen Wettbewerbsvorteil dar.

In den letzten 30 Jahren ist der Mitteleinsatz für die Implementierung und den laufenden Betrieb von Produkten zur IV exorbitant gestiegen. Die Kosten der IV betragen mittlerweile zwischen fünf und 15 Prozent der Gesamtkosten eines Unternehmens (FIEDLER 2001, S. 2). Es handelt sich somit um einen wesentlichen Teil der Unternehmensgesamtkosten, welche wie andere Kosten auch geplant und gesteuert werden müssen, um einen effizienten Mitteleinsatz zu erreichen. Entscheidend dabei ist, dass der durch die IV-Maßnahmen verwirklichte oder zu verwirklichende Effizienzgewinn den momentanen Mittelaufwand und die zukünftig vorzunehmenden Investitionen in die IV rechtfertigt.

Davon ausgehend, dass der Trend einer effizienten IV in globalen Märkten auf Grund des zunehmenden Wettbewerbsdrucks im Sinne von „Survival of the Fittest" noch weiter verstärkt wird, besteht die Zielsetzung der vorliegenden Arbeit darin, einen Überblick über das IV-Controlling zu geben und deren Notwendigkeit herauszuarbeiten. Dabei werden ausgewählte Instrumente des IV-Controllings untersucht und ein Handlungsrahmen zur Einführung in die Unternehmung gegeben.

Die vorliegende Seminararbeit gliedert sich in sechs Kapitel wie folgt: Die Grundlagen des IV-Controlling werden im nachfolgenden Kapitel dargelegt. Dabei werden nach einer Begriffsdefinition, die organisatorische Einbindung in die Unternehmung sowie die Ziele und Aufgaben des IV-Controlling näher erläutert. Kapitel drei befasst sich mit den Objekten des IV-Controlling und nimmt eine Einteilung in die operative und strategische Ebene vor. Die Instrumente des IV-Controlling und deren Beurteilung sind Gegenstand des vierten Kapitels. Kapitel fünf stellt einen Ansatz zur Implementierung des IV-Controlling in die Unternehmung vor. Die Arbeit schließt mit einer kurzen Zusammenfassung und einer Bewertung des IV-Controlling für die Praxis.

2 Grundlagen des IV-Controlling

Die Zielsetzung des nachfolgenden Kapitels besteht darin, Grundlagen zum IV-Controlling zu vermitteln. Dabei gilt es zunächst, den Begriff des IV-Controlling definitorisch abzugrenzen.

Aufbauend darauf werden Möglichkeiten der organisatorischen Einbindung des IV-Controlling in die Unternehmung skizziert und abschließend die Ziele und Aufgaben näher erläutert.

2.1 Definitorische Abgrenzung des IV-Controlling

2.1.1 Controlling

Beim Controlling im Allgemeinen handelt es sich um ein Subsystem der Unternehmensführung, das Planung, Steuerung und Kontrolle sowie die Informationsversorgung systembildend und systemkoppelnd koordiniert (HORVATH 1992, S. 144).

Systembildend bedeutet hier, dass ein funktionsfähiges Planungs-, Steuerungs-, Kontroll- und Informationssystem bereitgestellt wird. Mit systemkoppelnd wird die Abstimmung zwischen den verschiedenen Führungsteilsystemen verstanden.

Vereinfacht ausgedrückt, ist Controlling ein Instrument zur Unterstützung der Unternehmensführung, das im Sinne eines betriebswirtschaftlichen Dienstleisters die Informationsversorgung und die Koordination zwischen den Führungsteilsystemen übernimmt und damit für die notwendige Transparenz bei Führungsentscheidungen sorgt. Dies erfolgt alles unter der Prämisse der Wirtschaftlichkeit. Durch die Rückkopplung innerhalb der Führungsteilsysteme wird eine vollständigere und transparentere Darstellung der notwendigen Informationen erreicht, wodurch Führungsentscheidungen rational getroffen und die Unternehmensziele schneller und besser erreicht werden können.

Teilweise wird der Begriff Controlling irreführend mit „kontrollieren" übersetzt. Diese Übersetzung greift jedoch zu kurz bzw. führt sogar in die Irre, da Controlling weniger Kontrolle als vielmehr Steuerung bzw. Koordination bedeutet (SZABO 2003, S. 37).

2.1.2 Informationsmanagement

IM beschäftigt sich mit dem Produktionsfaktor Information sowie deren Verarbeitung als eine der Grundlagen der Betriebswirtschaft. Der in den letzten Jahrzehnten vollzogene Wandel von der Industrie- zur Informationsgesellschaft und die hohe Änderungsdynamik in der Unternehmensumwelt beweisen dabei die Stellung des Produktionsfaktors Information, welcher damit auf die Ebene der drei klassischen betriebswirtschaftlichen Produktionsfaktoren Arbeit, Betriebsmittel und Werkstoffe aufgerückt ist. Informationen als Objekt des IM sind nicht auf die elektronische Form beschränkt, sie liegen möglicherweise auch in papierform oder mündlicher Form vor.

GABRIEL (2003, S. 27) definiert IM wie folgt: „Informationsmanagement umfasst die Gesamtheit aller Führungsaufgaben in einer Organisation bzw. einer Wirtschaftseinheit bezogen auf deren computergestütztes bzw. computerunterstützbares Informations- und Kommunikationssystem. Das computergestützte bzw. computerunterstützbare Informations- und Kommunikationssystem wird bezüglich der vorhandenen und möglichen Technikunterstützung für die zu lösenden Aufgabenstellungen bzw. für die mit deren Lösung betrauten menschlichen Aufgabenträger untersucht und gestaltet."

Im Unterschied zu Controlling, welches „nur" ein Instrument zur Führungsunterstützung darstellt, ist IM also selbst unmittelbare Führungsaufgabe.

2.1.3 IV-Controlling

IV-Controlling als Untersuchungsgegenstand dieser Arbeit ist sowohl Teilbereich des Controlling als auch Teilbereich des IM. Es handelt sich somit um eine Schnittmenge der oben bereits definierten Begriffe:

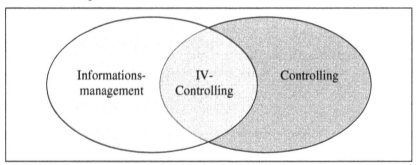

Abb. 1: Begriffliche Abgrenzung IV-Controlling.
Quelle: Eigene Erstellung.

Dabei besteht eine bidirektionale Beziehung zwischen IM und Controlling. Das Controlling bedient sich der IV (als einem Teilbereich des IM), um seine Aufgaben effizient und bedarfsgerecht zu lösen. Gleichzeitig stellt die Informationsverarbeitung innerhalb des Informationsmanagements aber auch einen Untersuchungsgegenstand des Controlling dar. Das in dieser Ausarbeitung zu untersuchende IV-Controlling bezieht sich nicht auf die Unterstützungsfunktion des Controlling, sondern auf den Untersuchungsgegenstand IV. Vereinfacht ausgedrückt, handelt es sich hierbei um die Übertragung der Controlling-Idee auf das IM (KRCMAR und BURESCH 2000, S. 4). SZABO (2003, S. 37) bezeichnet dies auch als controllinggestützte IT.

IV-Controlling kann also als Zusammenfassung aller Maßnahmen, Methoden und Instrumente verstanden werden, welche dem Zweck der laufenden Überprüfung und der Verbesserung von Effektivität und Effizienz der Führungsaufgabe IM dienen. Dabei soll es sowohl die notwendigen Informationen bereitstellen, als auch die Koordination innerhalb des IM übernehmen und damit das IM bei den eigentlichen Führungsaufgaben unterstützen. Wie beim Controlling und IM selbst, handelt es sich auch beim IV-Controlling um eine Querschnittsfunktion in der Unternehmung, da es nicht auf einzelne Bereiche beschränkt bleibt, sondern quer durch die gesamte Unternehmung durchzuführen ist (KRCMAR 2000, S. 4 und 16).

IV-Controlling sollte im Rahmen von IM aktiv betrieben werden, da es sich andernfalls nicht mehr um ein rationales Management handelt. Es stellt dann einen strategischen Wettbewerbsfaktor dar.

Synonyme für IV-Controlling sind Informatik-Controlling, IT-Controlling, IS-Controlling, DV-Controlling und Controlling der Informationsverarbeitung (BAUKNECHT 2001, S.3).

2.2 Organisatorische Einbindung des IV-Controlling

Laut KRCMAR und BURESCH (2000, S. 32) bereiten die Integration eines IV-Controlling in die bestehende Aufbauorganisation eines Unternehmens in der Praxis die größten Probleme. Daher ist dieser Problematik entscheidende Bedeutung für eine erfolgreiche Implementierung von IV-Controlling in Unternehmen beizumessen.

Die aufbauorganisatorische Integration eines IV-Controlling soll so erfolgen, dass die interne Akzeptanz und die Durchsetzungsfähigkeit gesichert sind (HOSSENFELDER UND SCHREYER 1996, S. 245). Dabei gilt, dass eine stärkere Verankerung des IV-Controllinggedankens in der Vorstands- bzw. Geschäftsführungsebene zu einer höheren Akzeptanz und einer besseren Eingliederung in die Unternehmung führt, was wiederum Voraussetzung für eine effiziente und flexible Aufgabenerfüllung des IV-Controlling ist.

Die wesentlichen Entscheidungsaspekte bei der Implementierung eines IV-Controlling sind:

a) Zentrales vs. dezentrales IV-Controlling oder die Mischform aus beidem und

b) Einordnung in den IV-Bereich vs. Einordnung in den Unternehmenscontrolling-Bereich oder die Mischform aus beidem (BARTH u.a. 2000, S. 15 ff).

Ad a): Zentrales Controlling soll die strategische IV-Planung koordinieren und die Konsistenz mit der übergeordneten Unternehmensstrategie absichern (BARTH u.a. 2000, S. 16). Des Weitern zählen hoheitliche Aufgaben wie das Überwachen von IV-Standards und -Richtlinien dazu (HORVATH 1996, S. 719). Dezentrales Controlling hat nach BARTH u.a. (2000, S. 17) die

Aufgabe der „Planung, Steuerung und Kontrolle von Projekten und sonstigen dezentralen IV-Aktivitäten. Hinzu kommt die Auslegung und Präzisierung der strategischen Vorgaben des zentralen IV-Controlling sowie die Gewährleistung, dass Standards und Richtlinien eingehalten werden". Bei entsprechender Unternehmensgröße empfiehlt BARTH u.a. (2000, S. 16) ein zentrales IV-Controlling, welches durch dezentrale Stellen ergänzt werden kann. Dezentrales IV-Controlling arbeitet dabei optimalerweise mit dezentralen IV-Bereichen zusammen, da dies dort oft durch dieselben involvierten Personen erledigt wird.

Ad b): Eine Empfehlung hinsichtlich der Zuordnung zum IV-Bereich oder Unternehmens-controlling-Bereich kann nicht generell beantwortet werden. In der Praxis sind laut BARTH u.a. (2000, S. 17) alle drei Formen anzutreffen.

Allgemein kann festgestellt werden, dass eine grundsätzliche Empfehlung nicht gegeben werden kann, da dies von der generellen Aufbauorganisation, der Unternehmensgröße, der Gewichtung der Teilbereiche IV und Controlling (Bedeutungsbeimessung) sowie der Unternehmensbranche abhängt und somit unternehmensindividuell entschieden werden muss. Überschneidungen können jedoch nicht ausgeschlossen werden und sind von vornherein zu beachten und klar gegeneinander abzugrenzen.

2.3 Ziele des IV-Controlling

Zunächst einmal muss festgestellt werden, dass die Zielsetzungen des IV-Controlling mit den Unternehmenszielen und mit den Zielen des allgemeinen Controlling konform gehen müssen, da ansonsten Zielkonflikte entstehen (KRCMAR und BURESCH 2000, S. 14 f).

Nach KRCMAR und BURESCH (2000, S. 14-17) lassen sich sowohl externe als auch interne Ziele des IV-Controlling definieren. Als externe Ziele lassen sich die Effizienz und Effektivität der Planung, Koordination und Kontrolle aller IV-Prozesse, deren Ressourcen und der Infrastruktur im Unternehmen festhalten. Daraus leiten sich als Formalziele die Effizienz und Effektivität sowie als Sachziel die Qualität, Funktionalität und Termineinhaltung der IV in der Unternehmung ab. Mit Zielerreichung werden strategische Wettbewerbsvorteile geschaffen.

Internes Ziel des IV-Controlling muss nach KRCMAR und BURESCH (2000, S. 15) zur Akzeptanzerhaltung die ständige Kontrolle des Aufwand-/Nutzenverhältnissses sein. Es muss also ein Weg zwischen der effizienten Aufgabenerfüllung bei möglichst geringem Aufwand für das IV-Controlling gefunden werden.

RIEG (1997, S. 42f.) führt mit der zielgerichteten Informationsbereitstellung ein weiteres wichtiges Ziel auf, wodurch eine rationale Entscheidung ermöglicht wird. Informationen sind

schließlich die Basis der Koordinationsfunktion als integrativer Bestandteil der Führungsun-
terstützungsfunktion des Controlling.

2.4 Aufgaben des IV-Controlling

Nach KRCMAR und BURESCH (2000, S. 15) ergeben sich die Aufgaben des IV-Controlling aus
der Zusammenführung der Aufgaben des IM mit den Zielen allgemeiner Controlling-
Konzeptionen sowie denen des IV-Controlling selbst und den Anforderungen aus der Praxis.
Zentrale Hauptaufgabe des Controlling ist danach die zielorientierte Koordination und Koor-
dinationskontrolle innerhalb der Unternehmensführung (HORVATH, 2006 S. 132-136).

Nach KARGL und KÜTZ (2007, S. 1) ergeben sich daraus folgende Teilaufgaben des Controlling:

- Unterstützung bei der Zielfindung

- Unterstützung bei der Planung

- Bewertung von Situationsanalysen

- Aufbau von Planungs- und Kontrollsystemen

- Unterstützung bei Entscheidungen

- Informationsversorgung für Zielfindung, Planung, Entscheidung und Kontrolle

- Koordination von Planung und Kontrolle

- Hinweise auf korrektur- und steuerungsrelevante Sachverhalte in der Rolle von „War-
  ner, Störenfried und Lotse".

Diese allgemeinen Controllingaufgaben sind nun auf das Aufgabengebiet des IM zu übertragen. Dabei soll das IV-Controlling das IM intra- und interdisziplinär bezogen auf die Unternehmensziele koordinieren. Die Entscheidungsfelder des IM sind die Ressourcen Information,
Personal, Software, Hardware, die sich aus dem Lebenszyklus von Anwendungssystemen er-
gebenden Teilbereiche Portfolio-, Projekt- und Produktmanagement und die grundlegende
Systeminfrastruktur (SOKOLOVSKY 1990, S. 309f.).

Nach KARGL und KÜTZ (2007, S. 1) ergeben sich für das IV-Controlling folgende zwei Fra-
gen, wobei erstere den strategischen und letztere den operativen Aspekt umfasst:

1. Ist die Nutzung des IV-Potenzials effektiv und damit zielkonform zur Unternehmensstrategie („Doing the right things")?

2. Werden vorhandene IV-Ressourcen effizient genutzt („Doing things right")?

Orientiert an den Entscheidungsfeldern des IM leiten sich die Aufgaben des IV-Controlling
ab. Die zukunftsgerichtete Rahmensetzung und Richtlinienvorgabe für einen Generalbebau-

ungsplan, der mit den strategischen Unternehmenszielen konform gehen muss, stellt hierbei eine erste Herausforderung dar. Dazu ist die Analyse des Ist-Portfolios und die Planung des Soll-Portfolios sowie die erforderliche Priorisierung erforderlich (KARGL und KÜTZ 2007, S. 5 ff.).

Des Weiteren müssen die Voraussetzungen für ein effizientes Projektmanagement geschaffen werden (KARGL und KÜTZ 2007, S. 34). Dazu zählen die Planung und Überwachung der Wirtschaftlichkeit, Qualität, Funktionalität und Termine (vgl. Abschnitt 3.3). Außerdem muss das IV-Controlling bei der Bereitstellung der für die Aufgabenerfüllung der IV-Anwender benötigten IV-Services bzw. -Dienstleistungen unter dem Gesichtspunkt der Wirtschaftlichkeit unterstützen. Darunter fallen das Produktionsmanagement (laufender Betrieb der Anwendungen und IT-Infrastruktur), der Benutzerservice (Anwenderbetreuung), das Asset Management (Systemverwaltung), Wartungsmanagement (Änderung und Pflege) und Sicherheitsmanagement (Datenschutz und Datensicherheit) jeweils für Anwendungen und Infrastruktur (KARGL und KÜTZ 2007, S. 61).

Hinzu kommt als weitere Aufgabe des IV-Controlling das Aufbereiten entscheidungsrelevanter Informationen – darunter fällt auch die Entwicklung von Kennzahlen – zur Entscheidungsunterstützung und Beratung für das Topmanagement (BAUKNECHT 2001, S. 4). Zudem muss das IV-Controlling Reorganisations- und Rationalisierungspotenzialen erkennen und bei der Neugestaltung von Geschäftsprozessen unterstützen.

3 Objekte des IV-Controlling

Die Objekte des IV-Controlling wurden bereits in Abschnitt 2.4 im Rahmen der Aufgabendefinition kurz erwähnt. In der einschlägigen Literatur sind allerdings unterschiedliche Einordnungen der IV-Objekte vorzufinden. In vorliegender Arbeit wird sich an der Gliederung von KRCMAR orientiert, da diese eine hohe Verständlichkeit und Strukturiertheit aufweist und außerdem eine weite Verbreitung in Theorie und Praxis gegeben ist. Zudem lässt sich die Struktur ohne weiteres auf andere Einteilungen wie beispielsweise nach KARGL übertragen. Bevor auf die einzelnen Objekte des IV-Controlling näher eingegangen wird, soll nachfolgender Abschnitt zunächst einen Überblick verschaffen.

3.1 Überblick und Einordnung der Objekte des IV-Controlling

Eine Einordnung der Objekte des IV-Controlling kann zunächst in eine strategische und eine operative Ebene erfolgen. Darunter lässt sich eine Gliederung in die Anwendungssysteme, welche sich gemäß dem jeweiligen Lebenszyklus wiederum in Portfolio-, Projekt- und Produktmanagement aufteilen, und in die grundlegende IV-Infrastruktur vornehmen. Folgende Abbildung soll dies verdeutlichen:

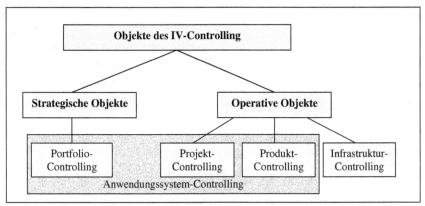

Abb. 2: Objekte des IV-Controlling.
Quelle: Eigene Erstellung, in Anlehnung an Gabriel 2003, S. 138

Bei dem strategischen Objekt des Portfolio-Controlling, stellt sich stets die Frage nach der Effektivität der IV („Doing the right things?") (SPITTA 1998, S. 424). Es geht dabei also um die stete Abstimmung der vorhandenen und geplanten IV-Systeme mit der Unternehmensstrategie und die Frage: Wie kann die IV dazu beitragen, dass die Unternehmensziele bestmöglichst erreicht werden? Dabei gilt es auch Visionen zu entwickeln und diese nach Möglichkeit in das Gesamtstrategiekonzept einfließen zu lassen. Schließlich sollen hier die zukünftigen Wettbewerbsvorteile in der IV kreiert werden. Das strategische IV-Controlling hat dabei vor allem eine innovative und zukunftsgerichtete Aufgabe und bedient sich bei der Realisierung z. B. des Benchmarkings (vgl. 5.1). Eine gute strategische Planung trägt zur Kontinuität bei, da es die IV-Rahmenbedingungen möglichst langfristig festlegen soll. Dabei gilt es nicht diverse Bündel einzelner IV-Projektvorhaben zu verfolgen, sondern ein integriertes Gesamtkonzept, einen sogenannten „Generalbebauungsplan" der Unternehmens-IV, zu entwickeln (KARGL und KÜTZ 2007, S. 5).

Weiterhin ist zu berücksichtigen, dass das strategische IV-Controlling nicht nur mit den betriebswirtschaftlichen Anforderungen und der Unternehmensstrategie sondern auch mit der

Organisationsstruktur des Unternehmens interdependiert. Bedingt das IV-Controlling Änderungen an der Organisationsstruktur so ist dies erheblich aufwändiger, da je nach dem Änderungsgrad andere Unternehmensbereiche betroffen sein können und wegen der Akzeptanz- und Kompetenzproblematik die Einbindung und die Unterstützung der obersten Führungsetage notwendig ist.

Strategisches Controlling sollte dabei am Besten zentral durchgeführt werden, da dezentrales Controlling hier zuviel Koordinationsaufwand verursachen würde und eine Rückkopplung der strategische IV-Planung mit der Unternehmensstrategie dort am effektivsten durchgeführt werden kann (BARTH u.a. 2000, S. 16).

Strategische Informationen sind meist qualitativ und wenig präzise. Sie sind hoch aggregiert, langfristig orientiert und umfassen ein weites Feld der Unternehmung und des Marktes insgesamt (HORVÁTH 2003, S. 371).

Die Umsetzung obliegt dem operativen Controlling, welches in Analogie zum strategischen IV-Controlling die Frage nach der Effizienz stellt („Doing the things right?") (SPITTA 1998, S. 424). Dabei sollte es am Besten dezentral bei der Planung, Steuerung und Kontrolle der jeweiligen Projekte, Produkte und sonstigen dezentralen IV-Aktivitäten stattfinden und direkt am Controllinggegenstand dessen effektiven sowie effizienten und damit wirtschaftlichen Einsatz überwachen. Weiterhin ist es notwendig „die Auslegung und Präzisierung der strategischen Vorgaben des zentralen IV-Controlling" mitzugestalten (BARTH u.a. 2000, S. 17). Dies bedeutet konkret, dass bei Änderung der strategischen Vorgaben wie z. B. dem Umstieg auf ein unternehmensweites Standardsoftwareprodukt, eine Umsetzung und Prozessintegrierung in die Abteilung, welche bisher Individualsoftware verwendet hat, durch das operative IV-Controlling erfolgen soll.

Dabei gehört es auch zu den Aufgaben des operativen IV-Controlling bestehende Geschäftsprozesse zu analysieren, Rationalisierungspotential aufzudecken und Informationen für eine Prozessverbesserung zu liefern.

Bevor auf das zum operativen IV-Controlling gehörenden Projekt-, Produkt- und Infrastruktur-Controlling in den Abschnitten 3.3 bis 3.5 eingegangen wird, soll nachfolgend das strategische Portfolio-Controlling näher erläutert werden.

3.2 Portfolio-Controlling

Hauptgegenstand des strategisch orientierten Portfolio-Controlling ist die Unterstützung des Prozesses der Bewertung und der Auswahl von neuen, geplanten oder laufenden IV-Projekten durch Förderung der Transparenz (KRCMAR und BURESCH 2000, S. 19). Dazu ist zunächst die

Analyse des Ist-Standes der Projekte erforderlich. KARGL (2000, S. 150) nennt dies Qualitäts-diagnose des Projektportfolios. Erweiternd schlagen KARGL und KÜTZ (2007, S. 5 ff.) eine Bewertung des bestehenden Anwendungsportfolios nebst der IV-Infrastruktur vor. Hierfür ist eine ständige Rückkopplung mit dem operativen IV-Controlling notwendig.

Nach Kenntnis der aktuellen Situation sollte in Abstimmung mit der Unternehmensstrategie und der Beachtung aktueller IT-Entwicklungen evtl. unter Zuhilfenahme des Benchmarking-instruments (vgl. 4.1) eine ganzheitliche, konsistente IV-Portfoliostrategie entworfen wer-den, welche die langfristigen Rahmenbedingungen der zukünftigen IV im Unternehmen vor-geben soll. Dies bedeutet, dass gerade nicht unabgestimmte Einzelprojekte „gefahren" wer-den, welche mangels Abstimmung zu so genannten „Insellösungen" führen. Jedes einzelne Projekt soll wie ein Baustein in die Gesamtsystemarchitektur eingepasst werden. Durch diese Abstimmungsmechanismen können die für „Insellösungen" typische redundante Datenhal-tung und Verrichtung von Doppelarbeiten vermieden werden.

Insbesondere bei einer starken Abweichung des Ist- vom Soll-Portfolio kommen eine Vielzahl von Projekten gleichzeitig in Frage, welche aber bei endlichen Ressourcen gegeneinander konkurrieren. Die Unterstützung bei der Auswahl und Priorisierung aus der Projektagenda ist dabei eine wesentliche Aufgabe des IV-Controlling. Gemäß KRCMAR und BURESCH (2000, S. 19) sind dazu Auswahlkriterien verschiedenster Kategorien festzulegen wie die strategische Bedeutung (z. B. Kundenzufriedenheit), Wirtschaftlichkeit (Ertrag – Aufwand) und Notwen-digkeit (z. B. wegen gesetzlicher Vorgaben). Eine einseitige Betrachtung nur der Wirtschaft-lichkeitsaspekte wie von BARTH u.a. (2000, S. 433 ff) vertreten, ist nicht ausreichend wie neuere Entwicklungen z. B. bei der Balanced Scorecard (vgl. 4.4) zeigen. Weniger wichtige Projekte, die mit den bestehenden Ressourcen nicht realisiert werden können, verbleiben in der Pipeline und werden später umgesetzt. Neue Projekte müssen zwingend zentral beantragt werden, um eine Prüfung mit der IV-Strategie zu ermöglichen. Dezentrale Entscheidungen wirken hier kontraproduktiv.

Abschließend bleibt festzuhalten, dass es sich beim Portfolio-Controlling, auch wenn es sich nach obiger Beschreibung für den Leser evtl. so darstellt, nicht um ein einmaliges „Projekt" handelt. Es geht dabei um eine iterative, stetig durchzuführende Tätigkeit, wobei die Kunst in der gleichmäßig-konstanten Steuerung liegt. Sich ständig ändernde Strategien führen zu er-höhtem Verwaltungsaufwand und werden folglich auf Akzeptanzprobleme stoßen.

Unterstützende Planungsinstrumentarien für das Portfolio-Controlling sind z. B. die Portfolio-Analyse, welche eine Priorisierung der durchzuführenden Projekte vornehmen soll oder die Nutzwertanalyse, welche Entscheidungsalternativen bewerten soll.

Das Portfolio-Controlling erarbeitet Projektziele, die in das nachfolgend beschriebene Projekt-Controlling als Koordinationsziel einfließen (KRCMAR 2000, S. 10).

3.3 Projekt-Controlling

Folgender Artikel wurde am 11. Februar 2006 im Hamburger Abendblatt unter der Überschrift „IT-Projekte scheitern" abgedruckt:

„Unternehmen konnten in den vergangenen drei Jahren nur 43 Prozent ihrer IT-Vorhaben erfolgreich umsetzen. Das hat eine Studie der IT-Zeitung Computerwoche und der Technischen Uni München ergeben, für die 65 international agierende deutsche Unternehmen befragt worden sind. Die Firmen gaben außerdem an, daß 48 Prozent ihrer IT-Pläne nur teilweise zum Erfolg geführt hätten. Als Gründe dafür wurde genannt, daß der Zeitrahmen nicht eingehalten worden sei (28 Prozent), das Budget überschritten oder der Inhalt des Vorhabens maßgeblich verändert worden sei (je zehn Prozent). Laut der Untersuchung tendieren die Unternehmen offenbar dazu, vom Idealfall auszugehen und mögliche negative Einflüsse nicht in ihre Projektplanung einzubeziehen. Auch an der Zusammenarbeit zwischen Fach- und IT-Abteilungen hapert es: In nur 16 Prozent der befragten Unternehmen erfolgt sie nach festen Regeln, meldet die Computerwoche in ihrer aktuellen Ausgabe."

Plakativ formuliert könnte man nun sagen, dass den 43 Prozent erfolgreich umgesetzter IT-Projekte ein ordentliches Projektcontrolling als Basis diente, da dies den Schlüssel zum Projekterfolg darstellt.

Gem. KRCMAR (2000, S. 44) ist ein Projekt „im Gegensatz zu den laufenden Aufgaben ein außergewöhnliches Vorhaben zur zielorientierten Herstellung oder Änderung eines Produkts. Projekte haben einen definierten Start- und Endtermin und werden auf Antrag eines (internen) Auftraggebers initiiert. Weitere charakteristische Merkmale sind z. B. verbindlich vereinbarte Projektziele, begrenzte Ressourcen und eine in der Regel temporäre Organisationsform." IV-Projekte können dabei neben der Eigenerstellung von Software nach KRCMAR und BURESCH (2000, S. 28) z. B. auch Wartungsprojekte, der Kauf von Hard- bzw. Software oder Zwischenformen wie Kauf mit notwendiger Anpassungsprogrammierung sein.

Ziel sowohl des Projektmanagements als auch des -Controlling sind dabei die erfolgreiche Projektdurchführung unter Einhaltung des Zeit- und Ressourcenrahmens bei Erreichung einer gewissen Mindestqualität. Genau dies sind auch die kritischen Erfolgsfaktoren, woran die meisten Projekte in der Praxis scheitern, wie auch die Untersuchung der Technischen Uni

München mit der Computerwoche zeigt. Oberste Maxime sollte sein: „Funktion so zweckmäßig wie möglich, zugehörige Kosten so niedrig wie möglich" (KARGL und KÜTZ 2007, S. 41).

Um das Ziel zu erreichen, ist es Aufgabe des Projekt-Controlling, ein integriertes System zur Planung, Koordination und Kontrolle von Kosten, Terminen und Leistungen eines Projekts (KRCMAR und BURESCH 2000, S. 23) bereitzustellen, damit Transparenz hergestellt wird und eine adäquate Informationsversorgung des Projektmanagements erfolgt. Nur so können Probleme und Risiken im Projekt rechtzeitig erkannt und Gegenmaßnahmen ergriffen werden.

Die laufende Durchführung des Projekt-Controlling folgt nach KRCMAR und BURESCH (2000, S. 26) dem „Regelkreis über Projektplanung, Ist-Datenerfassung, Soll-Ist-Vergleich, Abweichungsanalyse und Durchführung von Steuerungsmaßnahmen. Bezugsobjekte der Projektsteuerung sind dabei Projektfortschritt (Meilensteine), Termine, Kapazitäten, Projektkosten, Qualität und Wirtschaftlichkeit."

Eine weitere wichtige Aufgabe des Projekt-Controlling ist der Aufbau eines angemessenen Konfigurationsmanagements. Dieses ist gemäß KARGL (2000, S. 174) für die Überwachung und Verwaltung aller Änderungen verantwortlich, so dass der jeweils aktuelle Stand allen Beteiligten sofort zugänglich ist und eine Rückverfolgung über verschiedene Änderungen hinweg jederzeit möglich ist. Dies ist gerade bei komplexen Projekten auf Grund der langen Laufzeit erforderlich, da diese bei der anfänglichen Planung nicht bis ins Detail überschaubar sind und sich deshalb Änderungen in allen Projektbereichen von den Grundlagen bis zu den Zielen ergeben können.

Für die Aufgabendurchführung verwendet das Projektcontrolling diverse Instrumente, welche in der nachfolgenden Tabelle dargestellt werden:

Instrument	Beispiele	Funktion
Projektplan	• Meilensteinplan • Projektorganisationsplan • Projektstrukturplan • Mitarbeitereinsatzplan	Termin-, Kosten- Ressourcen-, Aufgabenplanung
Projektbericht	• Projektreview • Projektaudit • Projektstatusbericht • Abschlussbericht	Darstellung des Ist- und Plan-Zustandes für die Kontrolle und Steuerung des Projektes
Projektdokumentation	• Projektdatenbank sowie alle oben genannten Dokumentationen	Dokumentation der Zielvereinbarungen, der Pläne, Berichte, Protokolle usw. von Beginn bis Ende des Projektes

Abb. 3 Instrumente des Projekt-Controlling.
Quelle: Eigene Erstellung.

Während des Projektes und zum Abschluss vor Übergang in die Produktphase ist eine produktorientierte Qualitätssicherung durchzuführen, welche das fertige Softwareprodukt und dessen Zwischenprodukte auf Qualitätsmerkmale, die in der Projektspezifikation vorgegeben wurden, gegenprüft. Dabei gelten für das Produkt Software nach ISO/IEC 9126 neben der Spezifikation folgende grundlegenden Qualitätsmerkmale: Funktionalität, Zuverlässigkeit, Benutzbarkeit, Effizienz, Änderbarkeit, Übertragbarkeit (KARGL 2000, S. 167). Nach positiver Abschlussprüfung erfolgen die Endabnahme und die Übergabe an das Produktmanagement.

3.4 Produkt-Controlling

Nach Fertigstellung und Einführung des Projekts folgt der Übergang zum Produkt mit Wartung, Pflege, Anpassung und Weiterentwicklung (KRCMAR 2003, S. 352). Ziel ist dabei die effiziente und effektive Nutzung des Produkts über den gesamten Lebenszyklus hinweg (KRCMAR und BURESCH 2000, S.28). Die Grundsteine für die Qualität, die Portabilität, die Anpassbarkeit, die Funktionalität und die Akzeptanz werden bereits in der Projektphase gelegt und sind entscheidend für die weiteren Folgekosten des Produkts. Dabei liegen die Folgekosten meist über den Projektkosten selbst (KRCMAR und BURESCH 2000, S. 29). Durch Anwendung des Instruments Total Cost of Ownership (vgl. 4.2) sollte bereits vor Entscheidung für ein Projekt/Produkt ein Kostenvergleich unter Berücksichtigung der Produktfolgekosten durchgeführt werden. Ansonsten kann es zu Fehlentscheidungen kommen, welche erst durch das Produkt-Controlling und damit viel zu spät aufgedeckt werden.

Das laufende Produkt-Controlling muss über den gesamten Produktlebenszyklus hinweg unter Berücksichtigung der Wirtschaftlichkeit den Erhalt von Qualität, Funktionalität und Akzeptanz sicherstellen. Das umfasst auch die ständige Rückkopplung mit den Geschäftsprozessen. Die Änderung eines solchen bedingt möglicherweise die Anpassung der Funktionalität des IV-Produktes. Umgekehrt kann auch nach der Einführung eines neuen IV-Produktes die Anpassung von Organisationsabläufen bzw. Geschäftsprozessen zu mehr Effizienz führen.

Werden auf Grund der laufend durchzuführenden Analysen Mängel beim Produkt, der Wirtschaftlichkeit oder mit dessen Handhabung festgestellt, so sind mögliche Lösungen wie Anpassung, Weiterentwicklung, Wartung, Schulung der Anwender oder sogar Austausch des Produktes zu eruieren und aufzubereiten.

Das dezentrale Produkt-Controlling darf optimalerweise nicht isoliert durchgeführt werden, sondern muss mit dem strategischen eher zentralen Portfolio-Controlling und auch anderen dezentralen Produkt-Controlling-Abteilungen in Verbindung stehen. Dies führt zu einem abgestimmten „Unternehmens-Anwendungssystem-Controlling", welches auch die zukunftweisenden strategischen Entwicklungen im Auge behält.

Zu den Werkzeugen des Produkt-Controlling gehört dabei die Einbeziehung der in der Projektphase aufgebauten Erfahrungsdatenbank, welche einen Rückgriff auf Produktspezifikationen, Schnittstellenbeschreibungen, Hardwareeigenschaften usw. ermöglicht und damit u.a. Wartungszeiten oder Modifikationsprojekte verkürzen hilft (KRCMAR und BURESCH 2000, S.29). Auch in anderen Projekten dokumentiertes Know-How kann hilfreich sein.

Nach KRCMAR und BURESCH (2000, S. 29) sind Vorbereitungen über den Ersatz des IV-Produkts und den Ersatzzeitpunkt ebenfalls Aufgaben die durch das Produkt-Controlling wahrzunehmen sind.

3.5 Infrastruktur-Controlling

Unter der IV-Infrastruktur sind alle „Einrichtungen, Mittel und Maßnahmen zur Produktion, Verbreitung und Nutzung von Information im Unternehmen", zu subsumieren (HEINRICH 1999, S. 22). Zur IV-Infrastruktur zählen z. B. die eingesetzten Server, die PCs, die jeweiligen Betriebssysteme, die Systemprogramme, die Vernetzung.

Ziel des Controlling dieses Objektes ist es, die zur Erreichung der langfristigen, strategischen Unternehmensziele geeignete IV-Infrastruktur, welche selbstverständlich wirtschaftlich und effizient zu sein hat, zu finden. Wie beim Portfolio-Controlling bereits erwähnt, bedarf es daher einer starken Rückkopplung zu den zentralen strategischen Controlling-Einheiten. Denn das Infrastruktur-Controlling muss so schwer bestimmbare Faktoren wie beispielsweise zukünftige technologische Entwicklungen, zukünftige Benutzeranforderungen, Budgets oder Potenzialentwicklungen einschätzen können (KRCMAR 2000, S. 15).

Die Verrechnung von Kosten sowie die Erstellung des Budgets zur Aufrecherhaltung der IV-Infrastruktur kennzeichnen die wesentlichen Eckpunkte der kalkulatorischen Begleitung von Infrastrukturmaßnahmen und deren Nutzung (KRCMAR 2000, S.14). Hier können die Unternehmen Cost-Center- oder Profit-Center-Konzepte umsetzen (vgl. 4.3).

Beim Infrastruktur-Controlling ist insbesondere die zentrale und dezentrale Infrastrukturarchitektur zu unterscheiden. Die historische Entwicklung ging dabei von zentralen Mainframe-Lösungen (wegen der damals platzraubenden, teuren, nur von Spezialisten bedienbaren Maschinen) hin zu dezentralen Client/Server-Architekturen. Dies resultierte aus den kostengünstiger werdenden und flexibler einsetzbaren Desktop-PCs, welche in Netzwerke eingebunden werden konnten. Allerdings gehen die Bestrebungen in den letzten Jahren eher wieder in Richtung Zentralisierung, da diese Lösungen günstiger sind, die dezentrale Lösung oftmals zur Entwicklung von Insellösungen geführt hat und man für die Betreuung von dezentralen Einheiten auch immer Personal für die Betreuung vorhalten muss. Das führt zu Ineffizienz. Allerdings muss konstatiert werden, dass es keine Universallösung auf Grund der spezifischen Vor- und Nachteile der jeweiligen Lösung gibt. Sowohl die Organisationsstruktur des Unternehmens als auch das Portfolio der strategisch relevanten Anwendungskonzeptionen geben den Rahmen für die Gestaltung der IT-Infrastruktur vor (BARTH u.a. 2000, S. 53). Es gilt für die jeweilige Anwendungskomponente bzw. den jeweiligen Organisationsteil des Unternehmens das optimale Architekturkonzept zu nutzen. Die Vorteile der zentralen Datenhaltung (dies sind vor allem: kostengünstiger, Vermeidung redundanter Datenhaltung, Einheitlichkeit) müssen mit den Nachteilen (schlechtere Performance, weniger flexibel, geringere Akzeptanz) abgewogen werden. Daher bilden sich in Unternehmen oftmals Mischkonzeptionen heraus (BARTH u.a. 2000, S. 55). Hier ist es ständige Aufgabe des Infrastruktur-Controlling durch Analysen Mängel in der Infrastruktur bzw. in der Kombination Infrastruktur<>Anwendung<>Organisationsablauf zu finden und durch Optimierung Effizienzsteigerungen zu erreichen.

Zur Förderung der Akzeptanz der IV-Infrastruktur ist es Aufgabe des Infrastruktur-Controlling Grundlagen für eine ausfallsichere, performante Infrastrukturkonzeption für das gesamte Unternehmen unter Beachtung spezieller Gegebenheiten von Unternehmensteileinheiten und der Wirtschaftlichkeit herauszuarbeiten.

Dazu nutzt das Infrastruktur-Controlling unterschiedliche Instrumente wie z. B. die Szenario-Methode. Sie soll alternative hypothetische zukünftige Entwicklungen (Szenarios) bestimmen und versucht, eine möglichst gute Entscheidungsbasis trotz der vielen Unsicherheitsfaktoren, mit der die Analyse zukünftiger Entwicklungen immer auskommen muss, zu geben (Carl 2000, S. 60). Auf Grundlage dieser Datenbasis sollen dann Entscheidungen in der Gegenwart getroffen werden.

Weitere Instrumente können das Monitoring (z. B. Lastmessungen, Antwortzeitverhalten) zur Analyse des Ist-Zustandes und das Benchmarking zur Definition eines Soll-Zustandes sein.

4 Ausgewählte Instrumente des IV-Controlling

Controllinginstrumente unterstützen das IV-Controlling bei der Durchführung seiner Aufgaben. Die Auswahl und Anwendung des richtigen Instruments ist dabei entscheidend für den Erfolg von IV-Controlling. Für die Bandbreite der in Kapitel drei beschriebenen Controllingaktivitäten gibt es neben den bereits Genannten eine Vielzahl weiterer Instrumente, so dass eine vollständige Auflistung nahezu unmöglich scheint. Daher sollen nachfolgend einige der bereits in Kapitel 3 erwähnten Instrumente näher beleuchtet werden. Für einzelne Controllingaufgaben können unterschiedliche Instrumente auch simultan eingesetzt werden.

4.1 Benchmarking

Gem. BARTH u.a. (2000, S. 577) ist Benchmarking „die systematische und kontinuierliche Suche nach vorbildlichen Prozessen in dem eigenen oder in fremden Unternehmen sowie die Durchführung und Kontrolle von hierauf aufbauenden Maßnahmen zur Verbesserung unternehmenseigener Prozesse."

Dabei ist der erste Schritt die Identifikation des Vergleichsobjektes mit der Festlegung von Metriken wie z. B. IV-Kosten pro Arbeitsplatz im Vertriebsbereich. Begonnen werden sollte mit dem Objekt im Unternehmen, welches bei einer Optimierung den größten strategischen oder wirtschaftlichen Vorteil verspricht (BARTH u.a. 2000, S. 579f).

Der zweite Schritt ist die Identifikation eines geeigneten Benchmarks (Best Practice). Dabei gilt es internes und externes Benchmarking zu unterscheiden. Beim internen Benchmarking werden Abteilungen des eigenen Unternehmens miteinander verglichen. Beim externen Benchmarking werden andere Unternehmen als Maßstab herangezogen, wobei es branchenbezogenes (competitive) und branchenübergreifendes (noncompetitive) Benchmarking zu unterscheiden gilt (BARTH u.a. 2000, S. 577). Beim branchenbezogenen Benchmarking muss jedoch das Problem der Informationsversorgung berücksichtigt werden. Welcher Wettbewerber wird einem Konkurrenten schon die Grundlagen seines Wettbewerbsvorsprungs offenbaren? Dem branchenbezogenen Benchmarking sind somit deutliche Grenzen gesetzt.

Der dritte Schritt gehört der Datensammlung im eigenen und im Benchmark-Unternehmen. Zum vierten Schritt gehört die Gegenüberstellung der Daten mit Abweichungsanalyse, um die Gründe der optimalen IV-Prozesse zu identifizieren.

Zum fünften und letzten Schritt gehört die Erstellung eines Maßnahmenkatalogs unter Berücksichtigung unternehmensspezifischer Besonderheiten zur Annäherung an Best Practice.

Abschließend gilt zu bemerken, dass IV-Benchmarking im Unternehmen ein laufender Prozess sein sollte, da es immer Unternehmensbereiche bzw. Controlling-Objekte geben wird, welche es zu optimieren gilt. Das Benchmarking stellt dabei ein wichtiges Instrument für alle Objekte des IV-Controlling dar.

4.2 Total Cost of Ownership

TCO ist nach (BARTH u.a. 2000, S. 453) „eine Methode zur Identifizierung der Gesamtkosten eines IV-Systems über den gesamten Lebenszyklus (life cycle costs)."
TCO dient den Entscheidungsverantwortlichen somit als Unterstützung bei der Beurteilung von unterschiedlichen IT-Investitionsalternativen. Der oft begangene Fehler der ausschließlichen Berücksichtigung der Anschaffungs- und Einführungskosten soll durch dieses Instrument vermieden werden. Denn TCO berücksichtigt auch Kosten der laufenden Unterhaltung, der Wartung, des Supports, des Ausfalls sowie der Entsorgung und hilft damit insbesondere bei Beschaffungsmaßnahmen Fehlentscheidungen zugunsten der nur auf den „ersten Blick" günstigsten Variante, welche sich im laufenden Betrieb aber als „Fass ohne Boden" herausstellt, zu vermeiden. Schwierig gestaltet sich dabei selbstverständlich die Einbeziehung von versteckten oder zukünftigen Kosten wie die der Entsorgung. TCO trägt damit erheblich zur Verbesserung der Kostentransparenz bei.
Nachteilhaft ist sicherlich, dass keine Nutzenaspekte berücksichtigt werden. Es müssen also bei der Entscheidung über Investitionsvorhaben auch andere Instrumente wie Nutzwertanalysen eingesetzt werden (BARTH u.a. 2000, S. 475).

4.3 Interne Leistungsverrechnung:

Die Umsetzung als Cost-Center- bzw. Profit-Center-Konzept wurde unter 3.5 bereits kurz erwähnt. „Als Cost-Center müssen die budgetierten Kosten auf die leistungsbeziehenden Einheiten umgelegt werden. Als Profit-Center steht der IV-Bereich in der Pflicht, über die Kosten hinaus einen Gewinn zu erwirtschaften" (SZABO 2003, S. 45).
Dieses Instrument stellt die Grundlage für viele weitere insbesondere kostenorientierte Instrumente dar und soll die Wirtschaftlichkeit der IV sicherstellen. Die Implementierung anderer Unternehmensteile als Kunden führt zu einer Ressourcenschonung, da andere Bereiche nur dort Leistungen verlangen werden, wo der Nutzen die Kosten übersteigt. Ziel ist die Erreichung einer gerechten Abrechnungsmentalität nach dem Verursacherprinzip. Dies trägt zu einer verstärkten Selbstkontrolle der Fachabteilungen und größerer Transparenz im Unterneh-

men bei und macht die interne Leistungsverrechnung zu einem wichtigen Überwachungsinstrument für die Unternehmensführung (SZABO 2003, S. 45; KARGL und KÜTZ 2007, S. 77). Bei der internen Leistungsverrechnung gilt es die Umlagenmethode und die Verrechnungspreise zu unterscheiden. Bei der Umlagenmethode werden die im IV-Bereich angefallenen Kosten auf die anderen Unternehmensteile im Verhältnis der Inanspruchnahme von Leistungen umgelegt. Das Verfahren ist sehr simpel, da nur eine einfache Kostenstellenrechnung (Betriebsabrechnung) nötig ist. Am Ende einer Abrechnungsperiode summiert der IV-Bereich alle seine Kosten auf und verteilt diese an die Leistungsbezieher nach einem bestimmten Schlüssel. Der Nachteil des Verfahrens ist, dass die Kosten erst im Nachhinein berechnet werden und damit ineffiziente Arbeiten des IV-Bereichs auch umgelegt werden (SZABO 2003, S. 46).

Beim Verrechnungspreissystem muss der IV-Bereich seine voraussichtlichen anfallenden Kosten und abzugebenden Leistungen vor Leistungsabgabe schätzen und zu einem festen, während der Abrechnungsperiode gleich bleibenden Preis pro Ressourceneinheit den anderen Unternehmensbereichen anbieten. Für alle Leistungen der IV-Abteilung muss ein Preis definiert werden, welcher ggf. auch die Konkurrenz zum Markt antreten muss. Damit liegt das volle Kalkulationsrisiko beim IV-Bereich (SZABO 2003, S. 46). Es entsteht eine transparente und gerechte, weil leistungsbezogene Verrechnung. Dies ist jedoch erheblich aufwändiger als die Umlagenmethode, da die fixen und variablen Kosten zunächst analysiert und auf die Infrastruktur und Mitarbeiter der IV-Abteilung verteilt werden müssen.

4.4 Balanced Scorecard

Die von Kaplan und Norton entwickelte BSC berücksichtigt, dass „die Leistungsfähigkeit eines Unternehmens nicht nur mit finanziellen, vergangenheitsorientierten Größen gemessen werden kann und ergänzt die finanziellen Kennzahlen um nicht-finanzielle und zukunftsorientierte Werte" (BARTH u.a. 2000, S. 624). Die BSC führt also zu einer mehrdimensionalen Betrachtung, was zu einer realistischeren Einschätzung der aktuellen Unternehmenslage und der Potentialentwicklung führt. In der BSC nach Kaplan und Norton wird die klassische finanzielle Perspektive (betriebswirtschaftlicher Grundsatz der Gewinnmaximierung) um die interne Perspektive (Analyse und Optimierung der internen Geschäftsprozesse), die Lern- und Entwicklungsperspektive (Lernfähigkeit der Organisation) und die Kundenperspektive (Erfüllung der Kundenbedürfnisse) ergänzt. Für die einzelnen Perspektiven werden dann strategische Ziele – welche selbstverständlich mit den Gesamtunternehmenszielen und der Unternehmensstrategie abgestimmt sein müssen –, Kennzahlen und Vorgaben zur Zielerreichung definiert (KARGL und KÜTZ 2007, S. 12). Die zur Umsetzung der Vorgaben geplanten Maßnahmen werden dann hinsichtlich des Zielerreichungsgrades geprüft und ggf. angepasst. Dann wird der Kreislauf erneut durchlaufen. Das Instrument BSC kann dabei mit anderen oben bereits erläuterten Instrumenten verknüpft werden, wobei die BSC als Metainstrument den Werkzeugkoffer darstellt und die weiteren Instrumente wie Benchmarking (interne Perspektive oder auch finanzielle Perspektive), interne Leistungsverrechnung (finanzielle Perspektive), Nutzwertanalyse (finanzielle Perspektive), Portfolio-Analyse (Lern- und Entwicklungsperspektive) oder TCO (finanzielle Perspektive) die Werkzeuge im Koffer darstellen.

Dabei gilt als spezifisches Merkmal der BSC, „dass die einzelnen Perspektivfelder mit ihren Zielen und den daraus abgeleiteten Maßnahmen nicht einzeln nebeneinander stehend, sondern über Ursache-Wirkungsbeziehungen im Gesamtverbund zu sehen sind. Dadurch wird isolierten, nicht aufeinander abgestimmten Zielen und Strategien entgegengewirkt" (KARGL und KÜTZ 2007, S. 15).

Ein weiterer Vorteil der BSC liegt in der individuellen Anpassbarkeit. Es können unternehmensspezifisch auch Perspektiven, Kennzahlen oder Instrumente weglassen, angepasst oder hinzugefügt werden (KARGL und KÜTZ 2007, S. 12). Für eine optimale Zielerreichung ist die BSC dem jeweiligen Unternehmen und der dazugehörigen Unternehmensstrategie anzugleichen und erst im Anschluss einzuführen.

Die BSC verbindet dabei die Unternehmensstrategie mit den operativen Tätigkeiten der Unternehmensbereiche, projiziert also die Unternehmensstrategie bis in den operativen Bereich. Dies führt zu einer stärkeren Auseinandersetzung mit den strategischen Zielen und trägt damit zu einer besseren Zielerreichung bei. Außerdem werden durch die engere Verzahnung von strategischem und operativem Controlling die Kommunikation und die Motivation im Unternehmen erhöht. Dies dient einem intraorganisationalen Wissenstransfer und damit einem erhöhten Nutzungsgrad an bereits vorhandenem Wissen. Damit ist die BSC nicht nur ein einfaches Kennzahlensystem zur Führungsunterstützung, sondern ein Instrument zur Strategieumsetzung (KARGL und KÜTZ 2007, S. 13).

Die BSC wurde ursprünglich als Instrument für das allgemeine Controlling entwickelt, ist aber ohne große Anpassungen auch für den Bereich der IV einsetzbar. Die strategischen IV-Ziele werden in nachfolgender Abbildung auf die oben genannten Perspektiven verteilt:

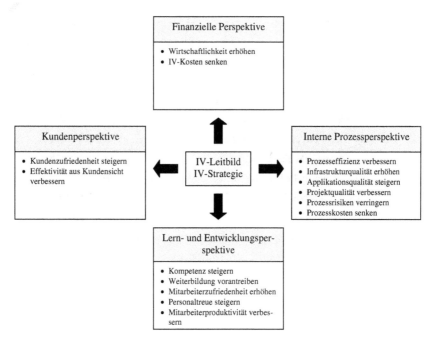

Abb. 4 Strategische Ziele im IV-Bereich.
Quelle: BARTH u.a. 2000, S. 629.

Probleme im Zusammenhang mit der BSC stellt sicherlich die schwierige Ermittlung nicht monetärer Kennzahlen dar. Des Weiteren ist die Einführung der BSC auf Grund der Implementierung im gesamten Unternehmen von den zentralen strategischen bis zu den dezentralen operativen Controllingabteilungen mit sehr hohem Aufwand verbunden, damit teuer und häufig langsam (ESCHENBACH 2003, S. 163)

5 Einführung von IV-Controlling

Es gibt kein Patentrezept für die Implementierung eines IV-Controlling in Unternehmen. Je nach Unternehmensgröße, -branche, Wettbewerbssituation, Innovationsfähigkeit etc. kann sich eine andere Ausgestaltung als Ideallösung herausstellen. Für jedes Unternehmen muss daher eine individuelle Konzeption erarbeitet werden. Die nachstehenden Ausführungen sind daher als Handlungsrahmen zu verstehen, welcher unternehmensindividuell zu modifizieren ist.

Nach der Entscheidung für eine Implementierung sollte im Rahmen eines Projektes die Einführung geplant werden. Um dem Projekt das notwendige Gewicht zu geben, ist die Mitwirkung von Vertretern der Unternehmensführung sehr empfehlenswert. Zu Beginn der Einführung eines IV-Controlling muss die Zielstellung in Abstimmung mit der Unternehmensstrategie definiert werden. Aus der Zielstellung müssen die Aufgaben des IV-Controlling abgeleitet werden. Darauf aufbauend muss die organisationale Einbindung mit Zuständigkeitsregelungen so geplant werden, dass die Aufgaben des IV-Controlling effektiv und effizient durchgeführt werden können. Die Analyse der derzeitigen betrieblichen Situation zeigt im Vergleich zum geplanten zukünftigen Organisationszenario den Änderungsbedarf auf. Nach operativer Durchführung, welche laufend zu kontrollieren ist, erfolgt das Feedback zum Abgleich mit den originären Zielen. Durch konkrete Nachsteuerung werden hier die Abweichungen des Ist- vom Soll-Zustand minimiert. Da ein Unternehmen in einem dynamischen Umfeld tätig ist, kann es auch zu Änderungen der Strategie und damit zu Änderungen bei den Zielvorgaben kommen. Wichtig ist die ständige Dokumentation der durchgeführten Tätigkeiten.

Die Einführung von IV-Controlling bedingt ggf. die Änderung der Organisationsstruktur. In diesen Fällen muss man sich des enormen Aufwands bewusst sein. Auch sollte berücksichtigt werden, dass die Widerstände innerhalb der Unternehmung mit dem Änderungsumfang an bestehenden Strukturen positiv korrelieren. Um die Änderungen zu rechtfertigen, bedarf es zur Akzeptanzerhöhung der Einbeziehung aller betroffenen Organisationseinheiten und einer klaren Kommunikationsstrategie. Diese Transparenzmaßnahme sorgt für den Abbau von Ängsten. Andernfalls wird die Einführung von IV-Controlling auf Grund der vielfach fehlgeleiteten Annahmen zu einer kontraproduktiven Blockadehaltung führen.

Auf Grund der Komplexität ist abhängig vom Aufgabenumfang und der Unternehmensgröße ggf. Know How von externen Beratern für die Installierung eines IV-Controlling notwendig.

Nach Abschluss der Einführung des IV-Controlling bedarf es einer weiteren ständigen Prozessoptimierung, man könnte es auch als Controlling des IV-Controlling bezeichnen.

6. Fazit

Das Primärziel der Arbeit bestand darin, eine Strukturierung hinsichtlich des Themas IV-Controlling vorzunehmen und dem Leser einen Überblick zu verschaffen. Dabei hat sich herausgestellt, dass auf Grund der enormen Wettbewerbsrelevanz der Ressource Information und der in den letzten 20 Jahren exorbitant gestiegenen IV-Kosten, Konsens bei der Frage besteht, ob ein leistungsfähiges IV-Controlling notwendig ist. FIEDLER (2005, S. 23) drückt dies plakativ wie folgt aus: „Projektcontrolling kostet Geld. Kein Projektcontrolling kostet noch mehr Geld." Dies gilt nicht nur für das Projektcontrolling, sondern ganz allgemein für IV-Controlling. Trotzdem ist in der Praxis bisher eher eine geringe oder nur teilweise Implementierung festzustellen (KRCMAR 2000, S. 3). Hier gibt es starken Nachholbedarf, denn diese Tendenz wird gerade im Hinblick auf den verstärkten Wettbewerbsdruck in globalisierten Märkten zunehmen.

Nachdem das Thema IV-Controlling mit Hilfe der Ziele, Aufgaben und Objekte nach außen abgegrenzt und nach innen strukturiert wurde, sind die wichtigsten Instrumente zur Durchführung des IV-Controlling vorgestellt worden. Dabei wurde festgestellt, dass neben den finanziell orientieren Instrumenten mit der BSC auch ein aufeinander abgestimmtes mehrdimensionales strategisch-operatives IV-Controlling durchgeführt werden kann. Das ganzheitliche, im Unternehmen abgestimmte IV-Controlling hat wesentliche Vorteile gegenüber einem sporadischen, ungeplanten und nur in Teilbereichen durchgeführten IV-Controlling. Durch Abstimmung innerhalb der Unternehmensteilbereiche können Doppelarbeiten vermieden werden, es finden ein Know-How-Transfer und eine ständige Selbstreflektion statt. Dadurch wird das vom BSC-Konzept propagierte organisationale Lernen gefördert, welches zukunftssichernde Erneuerungsprozesse anstößt und die Entwicklung in Richtung Brancheninnovationsführer begünstigt.

Zum Abschluss der Arbeit wurde ein kurzer Handlungsrahmen zur Einführung eines IV-Controlling in die Unternehmung vorgestellt. Dabei wurde dargelegt, dass es für eine erfolgreiche Einführung einer gründlichen Planung und der Unterstützung durch die Führungsetage bedarf. Es wurde festgestellt, dass die Einführung einen hohen Aufwand bedeutet, welcher auf Grund des oftmals nicht vorhandenen Know-Hows gescheut wird. Auch gibt es keine universell einsetzbaren Vorgaben, welche in jedem Unternehmen einfach umgesetzt werden müssen. Es ist eine unternehmensindividuelle Integration notwendig, welche ggf. sogar Organisationsanpassungen notwendig macht.

Literaturverzeichnis

BARTH, M., VON DOBSCHÜTZ, L., JÄGER-GOY, H. und M. KÜTZ (Hrsg.): IV-Controlling. Konzepte – Umsetzungen – Erfahrungen. Wiesbaden: Gabler 2000

BAUKNECHT, K.: Informatik-Controlling. URL: http://www.ifi.unizh.ch/ikm/Vorlesungen/IM2/SS01/, 2001

CARL, N. ; KIESEL, M.: Unternehmensführung – Methoden, Instrumente, Managementkonzepte. Landsberg/Lech: Verl. Moderne Industrie, 2000

ESCHENBACH, R.; ESCHENBACH, S.; KUNESCH, H.: Strategische Konzepte - Management-Ansätze von Ansoff bis Ulrich, 4. Auflage. Stuttgart: Schäffer-Poeschel, 2003

FIEDLER, R.: Controlling von Projekten, 3. Auflage. Wiesbaden: Vieweg Verlag, 2005

FIEDLER, R.: Controlling von Projekten. Braunschweig: Vieweg Verlag, 2001

GABRIEL, R., BEIER, D.: Informationsmanagement in Organisationen. Stuttgart : Kohlhammer 2003

HEINRICH, L. J.: Informationsmanagement – Planung, Überwachung und Steuerung der Informationsinfrastruktur, 6. Auflage. München, Wien 1999

HORVATH, P.: Controlling. 4. Auflage. München: Vahlen 1992

HORVATH, P.: Controlling, 6. Auflage. München 1996

HOSSENFELDER, W., SCHREYER, F.: DV-Controlling bei Finanzdienstleistern – Planung, Kontrolle, Steuerung. Wiesbaden 1996

KARGL, H: Management und Controlling von IV-Projekten. München: Oldenbourg 2000

KARGL, H., KÜTZ, M.: IV-Controlling, 5. Auflage. München ; Wien : Oldenbourg 2007.

KRCMAR, H. und BURESCH, A.: IV-Controlling – Ein Rahmenkonzept für die Praxis. Stuttgart: Lehrstuhl für Wirtschaftsinformatik, Univ. Hohenheim 1994

KRCMAR, H.: IV-Controlling auf dem Prüfstand. Konzept – Benchmarking – Erfahrungsberichte. Wiesbaden: Gabler 2000

Krcmar, H.: Informationsmanagement. Berlin/ Heidelberg/ New York: Springer Verlag, (3. Auflage), 2003

RIEG, R.: Architektur und Datenmodell eines koordinationsorientierten Controlling-Informationssystems. Heidelberg 1997

SOKOLOVSKY, Z.: Produkt-Controlling in der Informationsverarbeitung. In: Informationssysteme Controlling: Methoden und Verfahren in der Anwendung, München 1990

SPITTA, T.: IV-Controlling in mittelständischen Industrieunternehmen - Ergebnisse einer empirischen Studie. Erschienen in Wirtschaftsinformatik 40 (1998) 5, Wiesbaden: Vieweg Verlag, 1998

SZABO, O.: Informationsmanagement, Lerneinheit 2., IV-Projektmanagement und IV-Controlling. Stuttgart : AKAD. Die Privat-Hochschulen 2003

Hamburger Abendblatt, URL: http://www.abendblatt.de/daten/2006/02/11/532579.html